Awaking Demons

Daniel Samoilovich

Awaking Demons

The Notebooks of Tien Mai

Molestando a los demonios

Los cuadernos de Tien Mai

translated from Spanish by
Terence Dooley

Shearsman Books

First published in the United Kingdom in 2024 by
Shearsman Books
PO Box 4239
Swindon
SN3 9FN

Shearsman Books Ltd Registered Office
30–31 St. James Place, Mangotsfield, Bristol BS16 9JB
(this address not for correspondence)

www.shearsman.com

ISBN 978-1-84861-936-4

Original poems copyright © Daniel Samoilovich, 2009
Translation copyright © Terence Dooley, 2024

The right of Daniel Samoilovich to be identified as
the author of this work, and of Terence Dooley to be identified as the
translator thereof, has been asserted by them in accordance with the
Copyrights, Designs and Patents Act of 1988.
All rights reserved.

ACKNOWLEDGEMENTS
Molestando los demonios was first published by
Pre-Textos, Valencia, in 2009.

Programa **Sur**

*Work published within the framework of "Sur" Translation Support
Program of the Ministry of Foreign Affairs and Worship
of the Argentine Republic.*

*Obra editada en el marco del Programa "Sur" de Apoyo a las
Traducciones del Ministerio de Relaciones Exteriores y Culto
de la República Argentina.*

CONTENTS

LAGO LEMAN, ABRIL DE 1935 / LAKE GENEVA, APRIL 1935

14	Día de sol / A Sunny Day	15
16	Duda / Question	17
18	El error / My Mistake	19
20	Anoche en la sala de juego /	
	Last Night in the Gaming Room	21
22	Ganso / Goose	23
24	Si el hombre fuera / If Man Were	25
26	Molestando a los demonios / Awaking Demons	27
28	Escena robada / Stolen Glance	29
30	El sitio viudo / The Widow Place	31
32	Ejemplo / An Example	33
34	Eco / Echo	35
36	Lo que no saben / What They Don't Know	37
38	El grumete / The Cabin Boy	39
40	Las olas / The Waves	41
42	Avispas del delta del Hue /	
	Wasps from the Hue Delta	43
44	Lágrimas / Tears	45
46	La vieja necia / The Daft Old Woman	47
48	En la penumbra / In the Half-Light	49
50	La palabra / The Word	51

BASILEA, JUNIO–OCTUBRE DE 1935 / BASLE. JUNE–OCTOBER 1935

54	Noche de tormenta, insomnio /	
	Stormy Night, Insomnia	55

56	La llamada / The Call	57
60	Es mutuo / It's Mutual	61
62	Pensando en las lecciones antiguas /	
	Thinking About Ancient Wisdom	63
64	Viento del norte / North Wind	65
66	El vuelo del pensamiento / The Flight of Thought	67
68	No win game / No Win Game	69

SAN GOTARDO, DICIEMBRE DE 1935 /
ST GOTHARD, DECEMBER 1935

72	Huellas / Footprints	73
74	Inclinación / Bending Down	75
76	Temor / Fear	77
78	Pasan volando / Borne on the Wind	79
82	A mi corazón / To My Heart	83
84	El jardinero descuidado / The Careless Gardener	85

LAGO LEMAN, MAYO–SEPTIEMBRE DE 1936 /
LAKE GENEVA, MAY–SEPTEMBER 1936

88	El lago / The Lake	89
90	Cuando llegue el verano / When Summer Comes	91
92	Memoria del mar / Sea Memory	93
94	El ángel de la melancolía /	
	The Angel of Melancholy	95
96	Celos / Jealousy	97
98	Leyendo a Du Mu / Reading Du Mu	99
100	Vacila el pincel / The Brush Wavers	101
102	Lecturas / Us Reading	103

104	Zoo / Zoo	105
106	Leyendas locales / Local Legends	107
108	Grand Hôtel / Grand Hôtel	109
110	No hay mosquitos / There Aren't Any Mosquitoes	111
112	Inescrupuloso Shao / Unscrupulous Shao	113
114	¿Por qué no? / Why Not?	115
116	Costas / Coasts	117
118	Lo peor / The Worst Thing	
	Recordando una noche en Pekín /	119
120	Remembering a Night in Peking	121
122	Sueño de las fogatas / Dream of Fire	123
124	Para no verla / So As Not to See Her	125
126	Mar de la china / China Sea	127
128	Li Po / Li Po	129
130	Sobre un poema de Du Mu /	
	On a Poem by Du Mu	131
132	La magnolia / The Magnolia	133
134	Caminata / A Stroll	135
136	Correlato / Correlation	137
138	Viajes / Voyages	139
142	La fama de Jen Hua / The Fame of Jen Hua	143
146	No pintar / Not Painting	147
148	Demora / Delay	149
150	Ideograma especial / Weird Ideogram	151
152	El combate del día / The Battle of the Day	153
154	El diablito portugués / The Portuguese Imp	155
156	Habla Carraça / Carraça Speaks	157
158	El juncal / The Reed Bed	159
160	¿En qué? / What Was It?	161
162	Sueño del infierno / A Dream of Hell	163
164	Países / Countries	165

SIRMIONE – DESENZANO – COMO, OCTUBRE DE 1936 /
SIRMIONE – DESENZANO – COMO, OCTOBER 1936

168	Las grutas de Catulo / The Grottoes of Catullus	169
170	El bosque fosforece como un mar /	
	The Forest Phosphoresces Like a Sea	171
172	Lago de Garda / Lake Garda	173
174	Lago de como / Lake Como	175
176	Escoraba una mesa / A Table Was Rocking	177
178	Problema / Problem	179
180	Ya volverán / They'll Be Back Soon	181
182	La celda del Ming-T'ang / Ming-T'ang Cell	183
184	Leyendo *Macbeth* / Reading *Macbeth*	185
186	Seguramente / No Doubt	187
188	La perla escrita / The Engraved Pearl	189
190	Luna llena / Full Moon	191
192	Rectas / Straight Lines	193
194	Preguntas / Questions	195
196	Noche tras noche permanece la lámpara /	
	Night After Night the Lamp Stays Lit	197
198	*Agradacimientos / Acknowledgements*	199

MOLESTANDO A LOS DEMONIOS

AWAKING DEMONS

LAGO LEMAN

abril de 1935

LAKE GENEVA

April 1935

DÍA DE SOL

Día de sol, sacuden las almohadas
en el patio interior del hotel:

golpes muelles, asordinados, y en el aire plumas
que no tienen apuro por caer.

A SUNNY DAY

A sunny day, they're shaking out pillows
in the inner courtyard of the hotel:

soft muffled thuds and feathers in the air
too lazy to land.

DUDA

Si las cabezas reposan aquí
sobre bolsas de plumas arrancadas,

¿no serán los sueños más confusos,
desalados?

QUESTION

If people rest their heads here
on bundles of plucked feathers,

won't their dreams be muddled,
incapable of flight?

EL ERROR

Dejé a mis sirvientes los dudosos palacios,
me traje solamente tres arcones

con libros, tinta y papel: pero vine
también yo, ese fue el error.

MY MISTAKE

I left to my servants the dubious palaces,
I only brought three trunks

with books in them and ink and paper,
but I came too, and that was my mistake.

ANOCHE EN LA SALA DE JUEGO…

Anoche en la sala de juego
de un hotel vecino, dos americanos

ganaban y ganaban, sin término o medida:
estaban

como iluminados,
dejamos de jugar para mirarlos.

Remolinos de fichas
cuadradas, verdes, doradas.

Así se afloja la perpetua tensión
de la suerte mala, así cunde el alivio

en las salas de pesada *boiserie*.

LAST NIGHT IN THE GAMING ROOM...

Last night in the gaming room
of a nearby hotel, two Americans

hit an endless winning streak,
they were

as if transfigured,
we paused in our game to watch them.

Whirlwinds of square chips,
green and gold.

So the perpetual burden
of bad luck is lightened,

so a sense of release
fills the dark-panelled rooms.

GANSO

Andaba en bicicleta y un ganso
me hizo frente (¿te conté que aquí

los gansos te hacen frente?)
—Al corral —le dije—, ave

de corral: no acostumbro
discutir con mi cena.

GOOSE

I was cycling along and a goose
came hissing at me. (Did I tell you

geese hiss at you here?)
Get back to your pen, you foul

fowl, I said to it. I don't
bandy words with my dinner.

SI EL HOMBRE FUERA

Si el hombre fuera, como creen aquí
un bípedo implume, ¿sería

la almohada el repositorio portátil
de aquello que ha perdido?

IF MAN WERE

If man were, as here they believe,
a featherless biped, the pillow

could be the portable repository
of all that he has lost.

MOLESTANDO A LOS DEMONIOS

Aprovecho el buen tiempo, leo
en la terraza sobre el lago azul.

Los caracteres antiguos
se erizan como demonios

que habiendo dormido una siesta de siglos
al despertar se enojan

con el primero que ven.

AWAKING DEMONS

As the weather is pleasant, I read
on the terrace overlooking the lake.

The ancient characters
bristle like demons.

After their age-long siesta,
they are furious with

the one who wakes them.

ESCENA ROBADA

Esta mañana la hija de la dueña
del hotel me trajo a la azotea

el desayuno. La espié mientras subía la escalera,
cuando sin verme acomodó

su peineta en el pelo amarillo.

STOLEN GLANCE

This morning, Madame's daughter
brought me breakfast on the rooftop

I glimpsed her on the stair
adjusting the barrette

in her yellow hair.

EL SITIO VIUDO

El sitio viudo es el nombre que le puso
Wang Wei a la roca aislada

donde iba a pensar, aguda y alta,
impar como el cuerno del nerval,

el que nada en los mares más fríos
cubiertos de hielo y oscuro vapor.

THE WIDOW PLACE

The widow place is the name Wang Wei
gave to the tall, remote and jagged

rock where he went to think,
spiralised like a narwhal tusk,

the whale who swims in the coldest seas
covered in ice and thick mist.

EJEMPLO

Wang Wei explicó que no buscaba
pensamientos altos

sino, meramente, claros.
Y dio un ejemplo de lo que quería decir:

"¡Cómo brama el Mar Amarillo
acá bajo mi roca! —dijo—

Ya una ola está retirándose
cuando llega otra nueva: chocan

y arrojan espuma, lo que importa
no es cuánto se elevan al chocar

sino el dilema que llevan y traen,
el ritmo en que vienen y van."

AN EXAMPLE

Wang Wei explained that he wasn't trying
to think elevated thoughts

but only limpid ones.
And he gave an example of what he meant.

'How the Yellow Sea thunders
here beneath my rock,' he said.

'A wave is already ebbing
when a new one flows in: they collide

and throw up foam, what matters
is not how high they rise when they collide

but the dilemma they bring and take away,
the rhythm of their coming and going.'

ECO

La joven sirvienta
compró esta mañana en el mercado

cuatro pulpos pequeños. El aceite
rabiando quedamente los espera.

Hasta aquí, hasta la sala, sólo llega
el rumor del cuchillo,

golpes rápidos
en el plato de madera.

ECHO

The young maid
bought four squid this morning

in the market. The oil awaits them
raging quietly.

Here in the lounge, the only sound
to reach us is the knife

chopping briskly
against the wooden plate.

LO QUE NO SABEN

Ah, querido amigo, sí me gusta
la vida en el Poniente:

pero lo que no tienen
es idea de qué vendría a ser la seda,

el crujido espeso con que se derrumba
un vestido de mujer.

WHAT THEY DON'T KNOW

Ah, dear friend, yes, I like
life in the West,

but, what they have
no idea of is what silk can be,

the dense rustle of a woman's dress
falling to the floor.

EL GRUMETE

El capitán en la cubierta
enseña al marinero a deshacer nudos

con una cuña de metal.
El joven simula prestar atención

pero piensa en el pelo enmarañado, negro,
de su amor al romper la madrugada.

THE CABIN BOY

On deck the captain is showing
the sailor how to loosen knots

with a metal wedge.
The boy pretends to be listening

but is thinking of the black tangles
of his lover's hair at dawn.

LAS OLAS

¡Cómo brama el Mar Amarillo
allá bajo la roca de Wang Wei!

Olas que llevan y traen
conchillas, medusas, a veces

los restos de un naufragio.
Allá arriba el poeta, abajo

ese vaivén hipnótico, salobre.
La ola, como un león

escapado del foso, si pudiera,
subiría a mirarlo de cerca

con sus ojos color pardo claro.

THE WAVES

How the Yellow Sea thunders
there beneath Wang Wei's rock!

Waves that bring and take away
shells, jellyfish, sometimes

spars from a shipwreck.
Up there the poet, down below

that hypnotic, brackish swirl.
Like a lion escaped from the pit,

the wave, if it could,
would leap up to gaze at him

with its light brown eyes.

AVISPAS DEL DELTA DEL HUE

Cuatro alas, media vida: surgen
donde la inquietud excesiva del verano

adensa tanto el aire que se forman
grumos, cuerpos llenos de ángulos,

alas llenas de venas, un hilo
casi imposible uniendo el tórax

con el abdomen. ¿Cómo podría
un líquido o un impulso eléctrico

pasar por ese hilo tan delgado
de la cabeza al aguijón?

Son poco más que una idea o signo
de exclamación, dos o tres golpes de pincel,

de todos modos, se sabe, no es mucho
lo que tienen que durar.

WASPS FROM THE HUE DELTA

Four wings, half life: they surge
where the overexcitement of summer

condenses the air so much that clusters
form, bodies full of angles,

wings full of veins, an almost impossible
thread joining the thorax

to the abdomen. How could
a liquid or an electrical impulse

pass through that so slender thread
from the head to the stinger?

They are little more than an idea, an exclamation
mark, two or three brushstrokes,

anyway, as we know, they're not long
for this world.

LÁGRIMAS

Cuando los poetas de la dinastía Tang estaban tristes
las lágrimas empapaban sus túnicas.

Los poetas de la dinastía Ming, en cambio
se limitan a decir que mojaron su chal.

¿Se lloraba menos bajo Ming? ¿La tristeza
se había tornado más cauta, más duros

los ojos? ¿Y qué pensar de los míos
en cuyas comisuras las lágrimas no saben

si tirarse al suelo o esperar
la manga que venga a secarlas?

¿Se llora menos, es la retórica o la ropa,
lo que ha cambiado, amor?

TEARS

When the poets of the Tang dynasty were sad,
tears drenched their robes.

The poets of the Ming dynasty, however,
only say they bedewed their shawls.

Did people weep less under Ming? Had
sadness become more prudent, eyes

harder? And what to think of my own
filling with tears that don't know

whether to fall to the ground or wait
for a sleeve to come and dry them.

Do people weep less, is it the rhetoric
or the clothes that are different, my dear?

LA VIEJA NECIA

Una vieja dice a todos los que quieren oírla
que ver a un ser amado en una nube de luz

es señal de desgracia inminente.
No hay que discutir con los ancianos

pero esta bruja no sabe
lo que dice. Una nube

de luz te envolvía la víspera
del día en que nos abrazamos

por primera vez. Por cierto
no fue una desgracia, salvo que pensemos

que el amor… bien, puede ser
que no sea tan necia la vieja.

Pero una bruja sí es,
que un asno la patee.

THE DAFT OLD WOMAN

An old woman tells everyone who'll listen
that seeing a loved one in an aureole of light

is a sign of imminent catastrophe.
We shouldn't contradict the old,

but that witch doesn't know
what she's talking about. An aureole

of light surrounded you
the day before we kissed

the first time. That surely
wasn't a catastrophe, unless we think

love… well, maybe
the old woman isn't so daft.

But she definitely is a witch.
I hope she gets kicked by a mule.

EN LA PENUMBRA

Ah, la penumbra de un cuarto de hotel
en un puerto sobre el Mar Amarillo.

¿Cómo llegamos allí?
¿Qué equipaje llevábamos?

Qué importa, allí estábamos, voces
apagadas entre cuatro paredes.

Sé que era invierno porque "frío"
era un rasgo del ideograma "encierro":

encerrados, y que afuera hiciera
todo el frío del mundo.

Cosas dichas al azar, sonando
a música en las sombras de la habitación.

También lo sé porque había mucha ropa.
Nuestro concierto oscuro, trompa contra trompa,

y ropa tirada por todas partes
como si la hubiera agarrado un vendaval.

Un vendaval privado:
afuera, estaría todo calmo,

iluminado por la luna, helado.

IN THE HALF-LIGHT

Ah, the half-light of a hotel room
in a port on the Yellow Sea.

How did we travel there?
What luggage did we take?

It doesn't matter, there we were, quiet
voices between four walls.

I know it was winter because 'cold'
is one of the components of the ideogram 'shut-in':

we were shut-in, and outside it was
as cold as cold could be.

Random remarks, sounding like music
in the shadowy room.

I know that too because there were so many clothes.
Our dark concert, snout to snout,

and clothes thrown everywhere
as if they'd been caught in a gale.

A private gale:
outside, all would be calm,

moonlit, frozen.

LA PALABRA

¿Qué fue lo que dijiste?
¿Cuál, la palabra que usaste?

Tenía que ver con la facilidad, con la felicidad,
¿pero cuál era el sustantivo?

¿O era un verbo? ¿Dos sílabas? ¿Tres? La palabra
se perdió en el barullo de las sábanas

pero en algún lugar de la pieza
debió quedar. ¿Por qué no la encontramos

ese día, ni ninguno de los que siguieron?
Fue un diablito muy maligno el que se la robó,

saltando una silla sí, otra no,
hasta encontrar la ventana y escapar.

No trates de seguirlo.
Quédate aquí, conmigo.

Aprendamos a vivir sin esa palabra.

THE WORD

What was it you said?
What word did you use?

It had to do with joy, with ease,
but, which noun was it?

Or was it a verb? Two syllables? Three? The word
was lost in the flurry of the sheets

but it must have rolled into some corner
of the room. Why didn't we find it

that day, or on any of the following days?
It was a wicked fairy stole it,

leaping over a chair here, a chair there,
till he got to the window and fled.

Don't try and go after him.
Stay here, with me.

Let's learn to live without that word.

BASILEA

junio de 1935

BASLE

June 1935

NOCHE DE TORMENTA, INSOMNIO

Lo que estaba unido
o atado se esparció, lo que suelto

yacía la tormenta lo juntó
en un anillo sólido y grisáceo

que gira cerca del suelo.
Así lo que tenemos o creemos que tenemos,

lo que somos o creemos que somos,
el amor lo dispersa

y cosas sueltas, ramitas, recuerdos idiotas,
pedazos de sueños a punto de olvidarse

se ponen a andar en círculo
y su ronda obsesiva no nos deja dormir.

STORMY NIGHT, INSOMNIA

Whatever held together
was scattered, what lay

apart the storm gathered
in a solid greyish ring

that whirls just above ground.
So what we have or think we have,

what we are or think we are,
love blows asunder,

and the jetsam, twigs, stupid memories,
fast fading fragments of dream,

start whirling in a circle,
gyrating madly, keeping us awake.

LA LLAMADA

Cuando la Muerte me llamó por teléfono
para decir que tal vez tuviera que llevarme

le agradecí la atención. Por lo que sé
no con todos es tan considerada.

Ordené en un rincón de la biblioteca
los libros más valiosos e hice una lista

para asegurarme de que no fueran malvendidos.
Después me puse a pensar.

"Tal vez tenga que llevarte" era una fórmula difusa.
Descolgué el tubo de baquelita negra, el índice

buscó la ronda de números arábigos,
pero antes de llegar, el gesto se había

disuelto. No podía llamarla.
No sabía su número.

Hablé entonces al aire, daba
más o menos lo mismo,

si quería escuchar escucharía,
y yo, de todos modos,

necesitaba hablar.
"No quiero morirme –dije–,

THE CALL

When Death called me on the telephone
to say she might have to carry me off,

I thanked her for warning me. As far as I know
she's not so considerate with everyone.

I arranged my most valuable books in a corner
of my library and made a list

so as to be sure they made a good price.
Then I set to thinking.

'I might have to carry you off' was pretty vague.
I picked up the black Bakelite tube,

my index-finger sought the circle of Arabic numbers,
but stopped in mid-air, the impulse had

evaporated. I couldn't call her back.
I didn't have her number.

So I spoke into the air, which was
the same difference.

If she wanted to listen, she'd hear,
and, anyway, I

needed to talk.
'I don't want to die', I said,

57

empero no te guardo
especial rencor. No he debido

arrastrarme ante nadie, amé, no he tenido casi
hambre ni frío y me diste tiempo

de escribir unos versos que no sé si son buenos
pero son, en todo caso, los mejores

que pude hacer.
Te respeto, en suma, pero no te temo."

Quizás yo estuviera loco, quizás no entendiera,
quizás me aferrara a la chance

que lo impreciso de su advertencia me dejaba.
Pero me habló la Muerte

y escuché su voz, y no tuve miedo.

but I won't hold it against you. I haven't had to
crawl to anyone, I have loved,

I've hardly ever been hungry
or cold and you gave me time

to write some poems I wouldn't want to say are good,
but which are, in any case, the best

I could do. In short,
I respect you, but I don't fear you.'

Maybe I was crazy, maybe I didn't understand,
maybe I was clinging to the outside chance

the wording of her warning left me.
But Death spoke unto me

and I heard her voice, and I was not afraid.

ES MUTUO

Hoy mis pinceles y mi pequeño atril
despiertan en los otros huéspedes

una curiosidad perezosa.
Me miran de reojo, soy raro para ellos,

ellos también son raros para mí.
De hecho, es acerca de ellos

que escribo.

IT'S MUTUAL

Today my brushes and my little lectern
awake in the other guests

a leisurely curiosity.
They look at me askance. I seem weird to them.

They seem weird to me.
In fact, what I'm writing about

is them.

PENSANDO EN LAS LECCIONES ANTIGUAS

Si vas a elegir una cinta,
que sea la más larga, anaranjada.

Si vas a elegir una espada
que sea la más filosa.

Suena irreal aquí, como meras
palabras acá, donde ni siquiera

las mariposas son las mismas.

THINKING ABOUT ANCIENT WISDOM

If you're choosing a ribbon,
choose the longest, orange one.

If you're choosing a sword,
choose the sharpest one.

It sounds unreal here, just mere
words here, where even

the butterflies are different.

VIENTO DEL NORTE

El viento del norte no se detiene
al llegar a la muralla: la atraviesa

como una mano fantasma atraviesa
las espesas paredes de un palacio

o, mejor, como una mano verdadera se abre paso
por los muros de un palacio soñado.

NORTH WIND

The north wind doesn't stop
when it hits the wall: it passes through

as a ghost hand passes through
the thick walls of a palace

or, more exactly, as a real hand pierces
the walls of a palace of dreams.

EL VUELO DEL PENSAMIENTO

La distancia que nos separa es mayor
que el imperio de la noche.

No hay hora en que tu jardín esté oscuro
y oscura, a la vez, mi sala.

Mi pensamiento se jacta de que a diferencia de mí
puede volar a la arena bajo tus pies,

a la sábana en que dormís,
al marfil clavado en tu pelo.

Pero el camino es tan largo,
también el pensamiento desfallece,

va a parar a cualquier lado,
a las ciudades irredentas en la bruma,

a las casas de papel de las avispas,
a las selvas que vistas de arriba

parecen una alfombra interminable
de seda, sin nudos.

THE FLIGHT OF THOUGHT

The distance between us is greater
than the empire of night.

There is no hour when your garden is dark
and my room also dark.

My thought brags that, unlike me,
it can fly to the sand beneath your feet,

to the sheets where you are sleeping,
to the ivory comb in your hair.

But the way is so long
that thought too falters,

and comes to rest anywhere,
on the unrepentant cities

on the paper houses of the wasps,
on the rain-forests that, seen from above,

are like an unending carpet
 of silk, with no knots.

NO WIN GAME

Sos la reina de picas
pero también la escalera real

que esa reina completa, y que sin ella
no es nada. Sos el alivio, es cierto,

pero también el daño.
Así no vale.

Aunque también es cierto
que nunca prometiste juego limpio.

NO WIN GAME

You are the queen of spades
but also the royal flush

that queen completes, and which is nothing
without her. You are the balm, for sure,

but also the wound.
No way fair.

Though it's true also
you never said you'd play by the rules.

SAN GOTARDO

diciembre de 1935

ST. GOTHARD

December 1935

HUELLAS

Hay grandes huellas en la nieve.
Hasta las huellas de mujeres son grandes,

como si el universo por la noche se hubiera
expandido un poco.

FOOTPRINTS

There are giant footprints in the snow.
Even the women's footprints are big,

as if the universe had expanded slightly
overnight.

INCLINACIÓN

Me inclino para mirar las huellas
de las pisadas femeninas.

¿Será como recuperar un animal
de carga o de combate

que uno ha tenido y no recuerda cuándo?

BENDING DOWN

I bend down to look at the trail
of feminine footsteps.

Could it be like tracking a beast
of burden, or a hunting dog

you used to have and can't remember when?

TEMOR

Tengo miedo de ofender a huéspedes o amigos extranjeros.
Que algo impensado o incorrecto

escape de mi rostro; los de ellos son tan móviles
e inquisitivos, lechuzas de la nieve.

FEAR

I'm afraid of offending other guests
or foreign friends. That some random or improper

look might cross my face. Theirs are so
mobile and inquisitive, snow owls.

PASAN VOLANDO...

Pasan volando hojas amarillas,
blancas como las caras de los muertos.

Pasando, aterran a los pájaros.
Se llevan mis cosas, también.

Se llevan mis maletas,
mi cerebro, mi sentido

de la orientación.
Me doy cuenta, de pronto,

que olvidé tomar el avión. Se pasó la hora,
pasó el día, el año,

el billete está vencido,
las lindas colinas son ahora una cárcel.

Nadie me conoce en este pueblo, a nadie
conozco yo: usan una ropa absurda

de terciopelo azul y borravino
y sombreros de clown,

no porque no les importe, sino más bien
para burlarse de los extranjeros.

Y como las hojas amarillas y blancas
como caras de muertos

BORNE ON THE WIND...

Yellow leaves borne on the wind,
white as the faces of the dead.

As they fly by, they terrify the birds.
And they make off with my things.

They make off with my suitcases,
my brain, my sense

of direction.
Suddenly, I realise

I forgot to board my flight.,
The hour, the day, the year

went by, my ticket has expired.
The lovely hills are just a prison now.

Nobody knows me in this town, and I
know no-one: they wear ridiculous outfits

of blue and burgundy velvet
and clown hats,

not because they don't care how they look,
but more to tease the foreigners.

And, as the yellow leaves, as white
as faces of the dead,

se llevaron mis maletas, dentro de poco
tendré que comprar y usar yo también

ese horrible disfraz.

have made off with my suitcases,
soon I too will have to buy and wear

that horrid garb.

A MI CORAZÓN

Ah, cruel, ¿por qué no atendés
mis ruegos, más insensible que un peñasco

inmóvil en medio la mar, más feroz
que un comedor de carne humana en las montañas

que embolsan, en Kinghan, el viento del Nordeste?

TO MY HEART

Ah cruel one, why are you deaf
to my pleas, harder and more unmoving

than a rock at sea, more savage
than a devourer of human flesh in the mountains

that pocket, in Kinghan, the north-east wind.

EL JARDINERO DESCUIDADO

Tu jardín debe estar nevado:
incluso la pequeña zapa

que el jardinero olvidó guardar
en la caseta de las herramientas

es ahora una joya
pálida.

THE CARELESS GARDENER

Your garden must be snowed under:
even the little spade

the gardener forgot to put away
in the tool-shed

is now a pale
jewel.

LAGO LEMAN

mayo de 1936

LAKE GENEVA

May 1936

EL LAGO

está irritado, pero su enojo
no se resuelve en olas.

THE LAKE

The lake is angry, but its wrath
is not discharged in waves.

CUANDO LLEGUE EL VERANO

En el lomo de un demonio yann
me lanzaré a volar

contrataré una compañía de tambores,
una veintena

de *ecuyères* haciendo saltos triples
sobre cien elefantes,

prohibiré que en mi reino se esté sobrio
o se persiga a las hormigas

jubiloso de ver cómo vuelve el calor
después de un largo viaje al extranjero.

WHEN SUMMER COMES

On the back of a demon yann
I shall take flight

I shall hire a company of drummers,
twenty or so

bareback riders performing triple somersaults
on a hundred elephants,

I'll outlaw sobriety in my kingdom
and the hunting down of ants

rejoicing to see the return of warm days
after long journeying abroad.

MEMORIA DEL MAR

Figuras geométricas:
triángulos, paralelepípedos.

Tan pronto techan el infinito como
se arremolinan, corren por la playa,

caen en turbamulta al mar.

SEA MEMORY

Geometric figures:
triangles, parallelepipeds.

Sometimes they roof the infinite, sometimes
they swirl, run up the beach,

tumble tumultuously into the sea.

EL ÁNGEL DE LA MELANCOLÍA

Quand vous vous promenez le soir parmi les chênes
Et les rochers aux vagues yeux
Victor Hugo, *'Horror'*

Hay quien cree que el Ángel de la Melancolía,
es un astrónomo, no un geómetra.

Yo no lo creo. ¿Para qué querría
estudiar el Ángel los graves planetas?

Medita, sueña
vértices y lados, que no pesan nada.

La masa es una chance de sufrir.
Ya bastante tiene con el mundo

el Ángel de la Melancolía: las rosas
exhalan un olor demasiado insistente

como queriéndose librar en media hora
del agobio del día. Lejano amor,

los cisnes son negros, los lirios meditan sus crímenes,
los peñascos nos miran con mirada perdida.

THE ANGEL OF MELANCHOLY

> *Quand vous vous promenez le soir parmi les chênes*
> *Et les rochers aux vagues yeux*
> VICTOR HUGO, *'Horror'*

There are those who believe the angel of melancholy
is an astronomer, not a geometer.

I don't. Why should the angel
wish to study the solid planets?

He meditates, he dreams
vertices and sides, weightless things.

Mass is a chance to suffer.
The world is quite enough

for the angel of melancholy: roses
exhale a too insistent scent

as if wishing to discharge in half an hour
the burden of the day. Oh distant love,

the swans are black, the lilies reflect on their crimes,
the rocks regard us with vague eyes

CELOS

Aunque sé que no lo querés,
el idiota y pedante de Bun Li

me imagino a veces que ronda tu casa,
pisa los caminos de arena, el sonido

de su lengua vuelve amargas las cerezas,
agosta las flores.

JEALOUSY

Though I know you don't love
that idiotic pedant Bun Li,

I sometimes imagine him prowling round your house,
pacing the sandy roads, the sound

of his voice souring the cherries,
withering the flowers.

LEYENDO A DU MU

Hay un efecto luminoso y engañador
en leer a los viejos poetas: no parece posible

que los japoneses entren en China
o los alemanes en Francia

en el preciso instante en que Du Mu
pide más vino.

READING DU MU

Reading the old poets
has a luminous hallucinatory effect:

it doesn't seem possible the Japanese
are invading China, or Germany France

at the very same moment Du Mu
calls for more wine.

VACILA EL PINCEL

El pincel vacila, no quiere
ahuyentar la libélula, posada

en una esquina de la hoja
ni a su sombra sutil, amarilla.

THE BRUSH WAVERS

The brush wavers, it doesn't want
to scare away the dragonfly, poised

on the edge of the paper, or
its delicate yellow shadow.

LECTURAS

El sol irrumpiendo entre nubes
desmigajadas sobre la casa de Rousseau.

¿Te acordás que leímos las *Confesiones*
junto al estanque donde una rana simulaba

ser piedra para atrapar libélulas?

US READING

The sun breaking through fragmenting
clouds above Rousseau's house.

Do you remember us reading his *Confessions*
by the pond where a frog was pretending

to be a stone to catch dragonflies?

ZOO

Hay en el Zoo de Ginebra
una mula rayada

a listas negras y amarillas.
De seguro te gustaría verla

pero no creo que quisieras esta flor,
demasiado vistosa, en tu jardín.

ZOO

In Geneva zoo
there's a black and yellow

striped mule.
I'm sure you'd like to see it,

But I don't think you'd want this,
too gaudy, flower in your garden.

LEYENDAS LOCALES

Me dicen que aquí en los cerros viven
fantasmas que al claro de la luna

hacen círculos de amarga hierba
que los lobos no cruzan, las ovejas rehúyen.

Un filósofo dice que al encontrar la belleza
al alma le surgen alas en recuerdo

del tiempo en que fue pájaro.
A mí me pasa eso exactamente

cuando me aburro.

LOCAL LEGENDS

They tell me that here in the hills live
ghosts who by moonlight

tread circles of bitter grass
wolves won't cross and sheep shun.

A philosopher says that when the soul
encounters beauty it sprouts wings remembering

when it was a bird.
Exactly the same thing happens to me

when I'm bored.

GRAND HÔTEL

Brillan en la noche las letras
de la lengua de Francia: GRAND HÔTEL,

círculos, flechas, monigotes de niños
a la entrada de una casa rural

postes y travesaño al que se ata
el caballo exhausto.

GRAND HÔTEL

Shining through the night these letters
in the French language: GRAND HÔTEL,

circles, arrows, a child's doodle
at the entrance of a country house

posts, a crossbar where is tethered
the exhausted horse.

NO HAY MOSQUITOS

No, en ninguna habitación
en la costa de estas aguas frías

en que la luz de la luna
tan discreta, discretamente riela

arde una espiral,
la brasa girando en la tiniebla

buscando su extinción por el más largo
de todos los caminos posibles.

THERE AREN'T ANY MOSQUITOES

No, none in any of the rooms
on this coast of cold waters

on which the discreet moonlight
so discreetly shimmers

a spiral burns,
the ember spinning in the darkness

seeking its extinction
by the longest possible route.

INESCRUPULOSO SHAO

Me dicen que por serte agradable
Shao te envió los 36 tomos

de la edición Martineau de la *Comedia Humana*,
encuadernados en cuero de chancho.

Esa edición no es buena.
La buena es la de Lille.

Esa edición esta plagada de errores.
Es muy propio de Shao no haber cuidado

qué te enviaba, pero tampoco dudar,
con tal de serte agradable,

en entregar al desollador a seis o siete
venerables parientes.

UNSCRUPULOUS SHAO

They tell me that to please you
Shao sent you all 36 volumes

of the Martineau edition of *La Comédie Humaine*
bound in pigskin.

That is not a good edition.
The Lille edition is the good one.

That edition is riddled with errors.
It's typical of Shao to be so careless

about what he sends you, and also to have no scruple,
intending your pleasure,

in sending to their slaughter six or seven
venerable relations.

¿POR QUÉ NO?

Cruzaban, anoche, dos ánsares
el lago, rumbo a Montreux.

Si se posaran aquí, si se pudiera
con cañas y liga cazarlos.

Y mañana al abrir la trampa aparecieran
tus zapatillas blancas, de raso.

WHY NOT?

Last night two geese flew over
the lake, towards Montreux.

Should they land here, might one
trap them with canes and lime.

And tomorrow, opening the trap,
might your white silk slippers appear.

COSTAS

Costas, si merecieran llamarse costas
estas hileras de faroles, estos

bosques mudos, rutas que hablan demasiado,
tierra que no anhela lo vasto-exterior,

más bien tiende una cerca avariciosa
en torno a su propia versión

bonsai del mar océano.

COASTS

Coasts, if they deserve the name coast,
these rows of lamps, these

hushed woodlands, too talkative roads,
a land that fails to yearn for the vast-exterior,

but instead greedily fences in
its own bonsai

version of the ocean.

LO PEOR

Lo peor son todos esos moscos
en torno a tu manzano;

su zumbido no me deja dormir,
y tu silencio acrecienta ese ruido.

Escribíme.

THE WORST THING

The worst thing is all those flies
around your apple tree;

their buzzing keeps me awake,
and your silence makes it louder.

Write to me.

RECORDANDO UNA NOCHE EN PEKÍN

Cuando los rayos de la luna tropezaron
con el biombo decorado

las luciérnagas tejidas con hilos de seda
parecieron cobrar vida;

con abanico de gasa las ahuyentamos
y desdeñosas subieron al cielo

escalón por escalón. Trato hecho: sea para ellas
la bóveda donde una vez al año

se encuentran Boyero y Tejedora,
para nosotros nuestro escondite

tras el biombo, acá en la Tierra.

REMEMBERING A NIGHT IN PEKING

When the moonbeams struck
the decorated screen,

the fireflies woven in silk
seemed to come alive;

with gauzy fans we drove them off,
disdainfully they climbed the skies

step by step. Deal done: for them
the starry dome where once a year

the cowherd and the weaver meet,
for us our hiding-place

behind the screen, down here on earth.

SUEÑO DE LAS FOGATAS

Los mogoles habían tomado Anam,
el soberano Song nos había vendido.

En Hue sus altas fogatas
quemaban lo que no podían robar.

Huíamos a una aldea. Pasaban cinco años.
Yo era un niño campesino.

Una gallina comía hormigas, mamá
decidía matarla. Yo la imaginaba

pelada y blanca y bullendo en el caldero.
Me moría de miedo.

¿Qué nos importan a nosotros, mamá,
las gallinas y las hormigas?

DREAM OF FIRE

The Mughals had taken Annam,
the Song emperor had betrayed us.

In Hue their mighty fires
burned what they couldn't steal.

We fled to a village. Five years passed.
I was a country boy.

There was a hen who ate ants, mum
decided to kill her. I imagined her

plucked and white and boiling in the pan.
I was half-dead with fear.

Mum, what do we care
about hens and ants?

PARA NO VERLA

La gallina que había comido hormigas
era perdonada. Pero yo no quería mirarla.

A veces mi torso se doblaba extrañamente,
 otras veces me quedaba ciego

con tal de no tener que mirar
la gallina que había comido hormigas.

SO AS NOT TO SEE HER

The hen who ate ants
had been pardoned. But I didn't want to look at her.

Sometimes my torso bent weirdly,
at other times I went blind

so as not to have to look at
the hen who had eaten ants.

MAR DE LA CHINA

Ah, el horizonte, el reino
de los juncos piratas,

y más allá los arrecifes coralinos,
el océano irascible y despoblado

que sólo se aquieta los días del alción,
las costas de Chile,

el Callao, Guayaquil, el Canal
de Panamá y más lejos la patria

del tabaco que fumo en mi terraza
frente al agua estancada.

CHINA SEA

Ah, the horizon, the kingdom
of pirate junks,

and beyond it the coral reefs,
the irascible depopulated ocean,

which only knows calm on halcyon days,
the Chilean coast,

Callao, Guayaquil, the Panama
Canal, and further on again the home

of the tobacco I smoke on my terrace
above the stagnant lake.

LI PO

Dice Li Po que el monte de Sing es tan alto
que a sus pies se recogen estrellas.

Que subió, dice, el Sing en unas pocas horas
sobre unas yeguas blancas, traslúcidas.

Tal vez esté queriendo decir
que hizo su camino entre nubes.

En cualquier caso es seguro que no pudo
subir al Sing en pocas horas.

Tal vez se quedó abajo, haraganeando
como le gustaba, recogiendo estrellas.

LI PO

According to Li Po, Mount Sing is so high
the stars sleep at its feet.

According to Li Po, he rode up it in only
a couple of hours on white translucent mares.

Perhaps what he means is he made his way up
by parting the clouds.

Anyway he couldn't possibly
have made the ascent in a couple of hours.

Perhaps he remained at its foot,
dreaming and idling, as he loves to, plucking stars.

SOBRE UN POEMA DE DU MU

Qué pena, y mientras tanto
gastamos nuestros años

sobre la ignota orilla
de países distantes

donde el dolor inspira
 estos versos que nunca

alcanzan la medida del daño.

ON A POEM BY DU MU

How sad, and meanwhile
we waste our years

on the uncharted shore
of distant lands

where the sadness inspires
these verses that don't begin

to express our pain.

LA MAGNOLIA

La magnolia barbata
deja caer desde sus largas ramas

raíces que llegadas al suelo
simulan nuevos troncos.

Un árbol que es un árbol y es también un bosquecito
con una sola copa para todos sus árboles.

Allí perdernos, vos y yo,
no encontrar la salida del bosque

bajo el techo compacto
de una fronda sola.

THE MAGNOLIA

The bearded magnolia
lets fall from its long branches

roots that, when they reach the ground,
look like new trunks.

A tree that is a tree and also a small forest
with a single canopy for all its trees.

To lose ourselves there, you and me,
unable to find our way out of the wood

beneath the compact roof
of a single leaf.

CAMINATA

Camino entre las cañas
por el sendero que abrieron a machete

los jinetes, esta misma primavera.
Cada tanto una avispa

viene de frente, como yo solitaria,
sólo a último momento

me esquiva con un golpe de timón.
En la espesura

canta el oriol, igual de chico
que hace mil años, hace cien mil.

A STROLL

I stroll through the reeds
along the footpath the horsemen cleared

with machetes, this very spring.
Every so often a wasp,

another solitary, comes flying straight at me,
only at the last moment to veer away

with a jerk of the steering-wheel.
In the thickets

the oriole sings, as tiny as
a thousand years ago, a hundred thousand.

CORRELATO

Allá bajo las Fuentes Amarillas
alguien espera como yo la carta

de su amada. Pero nos llevan,
aquellos dos, ventaja:

están seguros que la carta ha de llegar
ha sucedido mil veces, mil más sucederá.

Sólo aquí arriba la duda nos lastima
y ella misma, me temo, es quien confiere

interés al asunto.
Visto así, son ellos los que deben envidiarnos.

"Vivir peligrosamente" es un motto absurdo.
Vivir *es* peligroso, de esa estofa están hechas

las horas que nos tocan.

CORRELATION

There beneath the Yellow Springs
someone is waiting like me for the letter

from his beloved. But those two
are luckier than us:

they are sure the letter will arrive
it has come a thousand times and will a thousand more.

Only up here are we plagued by doubt
and it's she herself, I fear, who confers

interest on the matter.
Looked at this way, it's they who should envy us.

'Live dangerously' is a ridiculous motto.
Life is danger, of that stuff

are all our hours made.

VIAJES

El Gran Roc y el Pájaro Singular
discuten sus respectivos méritos:

"Recorro –dice el Gran Roc– miles de lis en unas horas,
veo la noche cernirse en la selva de bambúes

y amanezco en el campamento de los hunos
que no conocen instrumentos de labranza, sólo de muerte.

El viento se aparta a mi paso, la lluvia
cree soñar: ¡un domo le impide llegar a la tierra!

Los monos aúllan, ¿qué es eso que pasa?
Los caminos allá en la montaña

maldicen esa sombra que tan crudamente
se burla de los trabajos que proponen:

si todo fuera cuestión de volar, protestan,
¿quién pisaría nuestros guijarros nuevos?

Pero yo ya he llegado a destino:
el Día me invita a subir a su carro, no quepo,

soy demasiado grande y quiero más Noche.
Un golpe de ala me basta para volver a ella.

El Sol, que vio mi bulto llegar raudamente,
se asombra al no hallarme en su reino."

VOYAGES

The Great Roc and the Pilgrim Bird
are comparing their virtues:

'I can cover,' says the Great Roc,
'thousands of lis in hours, I see nightfall in the bamboo jungle

and dawn in the camp of the Huns
who know nothing of the plough, but only the sword.

The wind parts as I pass, the rain
can't believe its eyes – a dome stops it falling!

The monkeys howl – what is that overhead?
The mountain tracks

curse that shadow's harsh mockery
of their labours below:

If flight were all there were, they protest,
who would tread our bright cobblestones?

But I have already reached my destination:
the Day offers me a place in his chariot – I wouldn't fit,

I'm too big and I want more night,
a flap of my wings and I'm back in it.

The Sun who saw my swift shape arrive
is astonished I'm gone from his kingdom. '

"Eso no es aún nada –dice el Pájaro Singular–.
Mi ala derecha oculta el extremo Occidente

mientras que mi ala izquierda
cubre el yermo exterior del Oriente.

Inmóvil, abarco luz y sombra, fuego y hielo.
Anido en lo Intangible. El fugitivo

se esconde de día de los tigres que vagan,
de noche de las largas serpientes.

Yo veo toda su carrera de un golpe,
todo su pesar a la vez.

No voy a ningún lado
porque ya estoy allí."

Mientras tanto, la cigarra y el chercán convienen
en que todo eso es imposible:

"Vos y yo sabemos que a lo sumo
se puede llegar al olmo aquel al borde del río

y ni siquiera eso
es del todo seguro."

'That's nothing,' says the Pilgrim Bird.
'My right wing hides the limit of the West

my left wing shields
the barren furthest East.

Motionless, I embody shade and light, fire and ice.
I nest in the intangible. The fugitive

flees by day the prowling tiger,
by night the uncoiling serpent.

I take in with a single glance his flight
and all his grief.

I don't go anywhere
for I'm there already.'

Meanwhile the wren and the cicada agree
that all this is impossible.

'You and I both know the furthest one can get
is to that elm over by the river,

and even that
is by no means a certainty.'

LA FAMA DE JEN HUA

Jen Hua, poeta fracasado,
se hizo famoso por las numerosas cartas

que enviaba a funcionarios y poetas conocidos.
Se conservan más de cuatrocientas,

escritas entre los años 710 y 748.
A medida que pasan las décadas

se van volviendo más amargas y exageradas.
¿Por qué sus méritos no son reconocidos?

¿Por qué sus cargos son cada vez menores
en más oscuras provincias, si él ha dialogado

con la Osa y el Boyero, descripto la llegada del alba
roja a los campos de lino, bebido

más que Li, cantado la tristeza
del mundo tanto como Du?

¿No se acercaron las gaviotas, confiadas,
mientras él hablaba, no quedó demostrada

así por quienes nunca se equivocan
su verdadera calidad?

¿Y qué, a pesar de todo tendrá que pasar
su vejez acarreando paja?

THE FAME OF JEN HUA

Jen Hua, an obscure poet,
found fame for the multiple letters

he wrote to officials and well-known poets.
More than four hundred are preserved,

written between the years 710 and 748.
As the decades pass

they become more and more bitter and extravagant.
Why are his talents unrewarded?

Why is he given more and more demeaning posts
in the back of beyond, if he has dialogued

with the Great Bear and the Herdsman, described the
            red dawn
rising over fields of flax, drunk

more than Li, sung the sadness
of the world as much as Du?

Didn't seagulls alight trustingly
when he declaimed, wasn't that proof

positive, from those who are never mistaken,
of his real calibre?

And, after all, despite all this
he must spend his old age humping hay?

No es extraña su amargura.
No es ridícula, pero tampoco extraña.

Lo extraño es que sus cartas fueron conservadas
como si sus corresponsales hubieran intuido

que algo de su ácida retórica
merecía un lugar en el futuro.

¿Qué cuerda verdadera pulsa Jen
cuando se queja, qué

dice o recuerda, que se debería
recordar?

His bitterness isn't strange.
It isn't ridiculous, but nor is it surprising.

What is surprising is that his letters were preserved
as if his correspondents had sensed

that something in his acid rhetoric
merited a place in the future.

What nerve of truth does Jen strike
in his complaints, what does he say

or remind us of, that should be
remembered?

NO PINTAR

El reflejo de los juncos en el lago
es verde claro, alrededor el violeta

indica la zona de menor profundidad, el azul
es ya la marca del abismo. Me resisto

a abrir la caja del papel y los pinceles.
Es bonito pintar y es bonito no pintar.

Dejar que la vida transcurra,
respirar: en el doble movimiento

de aspirar y espirar
está el juncal, su reflejo y sus flores que nunca florecen.

(Ni en el juncal ni en el reflejo florecen,
cabecitas que piensan-no piensan.)

Es bonito pintar y es bonito no pintar.
La vida es verde y es marrón,

mi mirada hace las veces del hondo azul,
mi tristeza el violeta de las aguas someras

que el pescador evita a fin de no enganchar
el anzuelo en las algas del fondo.

NOT PAINTING

The reflection of the reeds in the lake
is light green, the violet all around

depicts the shallows, the blue
where the lake is bottomless. I resist

opening the box with the paper and brushes in.
It's nice to paint and nice not painting.

Let life go by
and breathe: in the double action

of inhaling and exhaling
is the reed-bed, its reflection and its buds that never flower.

(Neither in the reed-bed nor its reflection do they flower,
little heads that think-don't think.)

It's nice to paint and nice not painting.
Life is green and also brown,

my eyes become the blue deep,
my sadness the violet shallows

avoided by the fisherman so not to snag
his hook in the algae on the lake-bottom.

DEMORO

¿Por qué demoró quinientos años
la construcción del Chiang Ming?

El Chiang Ming debía ser un palacio
pero debía ser una choza.

Eso demoraba su construcción.
Yo debería vivir en un sitio

como ése, pero además con vos
y a veinte mil *lis* de distancia de vos.

Necesitamos un poco más de tiempo
para hacer nuestra casa.

DELAY

Why did the Chiang Ming take
five hundred years to build?

The Chiang Ming was supposed to be a palace,
but it was also supposed to be a hut.

That's why it took so long to build.
I should live in a place

like that, but also with you
and twenty thousand lis away from you.

We need a little more time
to set up home.

IDEOGRAMA ESPECIAL

Tratando de alzar vuelo las pesadas
avutardas golpean muchas veces

la superficie callada del lago.
Cuando por fin se elevan

quedan en el agua unos trazos oscuros,
el ideograma de todo aquel escándalo,

aquella cómica carrera por el lago.

WEIRD IDEOGRAM

Trying to take flight, the mighty
Great Bustards strike many times

the peaceful surface of the lake.
When at last they lift off,

they leave dark lines on the water,
the ideogram of all that commotion,

that comical race over the lake.

EL COMBATE DEL DÍA

Me despertaron los zorzales, más ruidosos
que de costumbre. Durante la noche

llovió, y en la tierra húmeda
los gusanos no encuentran escondite.

Pata-sutil, dorso emplumado, duro pico,
hoy vence a escurridizo-cavador

en el primer asalto y por K.O.

THE BATTLE OF THE DAY

The thrushes woke me, noisier
than usual. In the night

it rained and, in the damp earth,
the worms have nowhere to hide.

Sly-moving, featherback, hard beak,
today beats slippery-excavator,

with the first punch: K.O.

EL DIABLITO PORTUGUÉS

Érase un joven poeta portugués
feliz cuando encontraba

de quien burlarse. Parecía
agradecer al objeto de su burla

la ocasión que le brindaba.
"*¡Carraça!* –gritaba– *¡Carraça!*"

Nadie atinó a preguntarle
qué significa eso exactamente.

Los camareros debían saberlo, los camareros
del Grand Café de Lausana

tienen sacos blancos y hablan
todas las lenguas del mundo.

THE PORTUGUESE IMP

There once was a young Portuguese poet
happy when he found

someone to poke fun at. He seemed
grateful to the object of his mockery

for providing him with an opportunity.
'Carraça! Carraça!' he cried.

No-one was able to ask him
exactly what that means.

The waiters must have known, the waiters
of the Grand Café in Lausanne,

they have white aprons and speak
all the world languages.

HABLA CARRAÇA

Carraça me habla en inglés,
ansiosa, precipitadamente.

Mi atención desmaya, no entiendo
ni la mitad de lo que dice.

Cada tanto, en el discurso abstracto y pasional
sobrenadan algunos sustantivos

como trozos de carne
en una sopa aguada.

¡Oh, noche, y los desconocidos!
(El más desconocido, cada cual para sí.)

CARRAÇA SPEAKS

Carraça speaks to me
in anxious rapid English.

My attention falters. I don't understand
even half what he says.

Every so often, in his abstract passionate speech
nouns float to the surface

like lumps of meat
in a watery soup.

Oh night, and strangers!
(And each man most a stranger to himself).

EL JUNCAL

El juncal quedó encorvado, así
como la lluvia lo dejó.

THE REED-BED

The reed-bed remained hunchbacked,
as the rain had left it.

¿EN QUÉ?

¿En qué, desde un principio se notaba
que no iba a ser posible?

¿Debimos habernos conocido
diez, quince años antes?

Quince años antes hubiéramos chocado
igual que chocamos quince años después

como la ola con la ola, como el pico
del papagayo con la jaula odiosa.

Al menos hicimos un buen ruido
en la noche silenciosa, argentina:

lo que es yo, no consigo olvidarlo.

WHAT WAS IT

What was it made it clear from the start
it was never going to work?

Should we have known
ten or fifteen years ago?

Fifteen years earlier we'd have clashed
just as fifteen years later we clash,

like the wave with the wave, like the parrot's
beak with the hateful cage.

At least we made a fine racket
in the silent, silvery night:

what it is I, can't seem to forget.

SUEÑO DEL INFIERNO

Gobernaba el país —me decían—
el Señor de los Diez Mil Carros.

Yo entendía de inmediato
de qué me hablaban.

¿Pero para qué diablos el Diablo quería
carros, y encima diez mil?

¿Qué transportaba en ellos?
¿Asesinos, cadáveres?

¿Barro para cubrir los valles,
peñascos para obstruir los ríos?

Me tocaba la cara, por ver si tenía cara,
miraba los árboles, que parecían tranquilos

esperando la noche. ¿Sería sólo un rumor,
sería todavía esto el mundo?

Y sobre todo:
¿dónde estabas vos,

podría yo verte, hablarte?

A DREAM OF HELL

The Lord of Ten Thousand Wagons
was, they told me, the country's ruler.

I saw straight away
what they meant.

But why the devil did the Devil
want wagons, let alone ten thousand?

What did he transport in them?
Murderers? corpses?

Mud to drown the valleys?
Boulders to dam the rivers?

I touched my face, to see if I had a face,
I looked at the trees: they seemed to be calmly

awaiting nightfall. Could it be just a rumour,
could this still be the world?

And above all:
where were you,

would I be able to see you, speak to you?

PAÍSES

No hay felicidad semejante
a la de despertarse en Italia.

No hay desazón semejante
a la de comprobar que no,

oh, no, Suiza.

COUNTRIES

There is no greater joy
than waking up in Italy.

And nothing more wretched
than realising no,

oh no, Switzerland.

SIRMIONE, DESENZANO, COMO

octubre de 1936

SIRMIONE, DESENZANO, COMO

October 1936

LAS GRUTAS DE CATULO

Llaman a estas ruinas "las grutas de Catulo".
Ni son grutas ni Catulo durmió

una sola noche en este palacio
construido en tiempos de Nerón, cien años

después de la muerte de Cayo Valerio.
Pero el poeta amó el lago y su ribera:

tal vez paseando por la costa, esquivando el lodazal hollado
aquí y allá por las gaviotas,

subió esta colina, se tendió en el pasto
entonces no quebrado por *rovini* ni *scavi*.

Tal vez hubiera viñas, las que daban
el buen vino de Brixis, y un sendero

limpio entre las filas.
No era el pasado entonces. Estos mismos

rayos de sol de otoño
pegaban por acá, y era el presente.

Sombras de un sueño somos, pero el sol
cava en la mole cinérea de la tarde

inclinados túneles de luz.
"Las grutas de Catulo":

está bien así. Le habría gustado.

THE GROTTOES OF CATULLUS

They call these ruins 'the grottoes of Catullus'.
They aren't grottoes and Catullus never spent

a single night in this palace
built in Nero's reign, a hundred years

after the death of Gaius Valerius.
But the poet loved the lake and its shore:

perhaps strolling along the coast, avoiding the mudflats
trodden here and there by gulls,

he climbed this hill and lay down in the grass
then unbroken by ruins and digs.

Perhaps there were vines, such as produced
the good Brixis wine, and a path

cleared between the rows.
It wasn't the past then. These same

autumnal sunbeams
shone down here, and it was the present.

shadows of dream we are, but the sun
excavates from the ashen mass of the afternoon

leaning tunnels of light.
'The grottoes of Catullus':

why not? He'd have liked it.

EL BOSQUE FOSFORECE COMO UN MAR…

El bosque fosforece como un mar,
la misma fiebre fría, pero muda,

el mismo ir y venir, sólo que inmóvil.
Las algas son los malos pensamientos

que cuelgan de los árboles, sin dueño.
Así es mi sueño, en este bosque duermo

y unas polillas que sobraron de la tarde
bailan en el rayo de luna.

—¿Verdad que somos bellas?
—Si no lo fueran —dice el rayo—, no

me tomaría el trabajo de alumbrarlas.

THE FOREST PHOSPHORESCES LIKE A SEA

The forest phosphoresces like a sea,
the same cold fever, but mute,

the same to and fro, only motionless.
The algae are bad thoughts

hung from the trees, thought by no-one.
Such is my dream, I sleep in this forest

and moths left over from the afternoon
dance in the moonbeam.

'We're beautiful, aren't we?'
'If you weren't', says the moonbeam, 'I

wouldn't bother spotlighting you'.

LAGO DE GARDA

Bajan los viñedos sonriendo
rumbo a la ribera–

acá, donde tantos imperios han pasado,
tantos príncipes, señores de la guerra,

papas, repúblicas, piratas,
la lengua popular se ha vuelto delicada,

poco asertiva: la música de las frases sugiere
una anacrusis tácita, invariable:

"Digamos que, supongamos..."

LAKE GARDA

The cheerful vineyards
slope down to the shore –

here, where so many empires have passed through,
so many princes, warlords,

popes, republics, pirates,
the speech of the people has become refined,

unassertive: the music of sentences
suggests a constant tacit anacrusis:

'Let's say, for example...'

LAGO DE COMO

Aquí fue niño Fabricio del Dongo
y soñó su inventor, Stendhal.

Lo hizo segundón, imprudente
y valeroso, lo paseó por Waterloo

donde mató a un hombre y le robaron un caballo.
Lo hizo amado y amante, lo encerró

y lo dejó escapar de la Torre Farnesio.
Pudiendo, no lo hizo feliz

pues la felicidad no tiene historia
y Stendhal, sobre todo, quería

contar una historia. ¿Se porta tan frívolamente
algún otro inventor con nosotros

o cada cual con sí mismo, buscando
contarse un cuento de veras *émouvante*,

entretenido?

LAKE COMO

Fabricio del Dongo grew up here,
and here dreamed his creator Stendhal.

He made him a second son, rash
and courageous, took him to Waterloo

where he killed a man and his horse was stolen.
He made him lover and beloved, locked him up

in the Torre Farnesio, and let him escape.
Though he could have, he didn't make him happy

since happiness has no story
and above all Stendhal

wanted a story. Does another creator
behave so frivolously with us

or we with ourselves, seeking
to tell an *émouvante*

and thrilling tale.

ESCORABA UNA MESA...

Escoraba una mesa a derecha e izquierda
y las sillas patinaban también

con nosotros encima.
Frente a mí y a los lados, todos

tenían caras de tela, sin rasgos,
a la manera

de esos muñecos que se tiran por la ventana
en las reconstrucciones criminales.

Como muñecos que son
se amontonan sin resistencia en las esquinas

cada vez que el cuarto se inclina.
Pero hablan, hablamos

como si del hilo de la charla dependiera
que la cosa no pase a mayores.

¡Mundo, no más brandar y cabecear
que esto no es un barco!

Todo se entendería mejor si fuera un barco
pero no lo es: colmados hasta el borde

los vasos corretean por la mesa,
ida y vuelta, sin derramar una gota.

A TABLE WAS ROCKING…

A table was rocking to the right, to the left
and the chairs were sliding too

with us on them.
Opposite me and to the sides, everyone

had cloth faces, featureless,
like

those dolls they throw out of windows
in crime scene reconstructions.

Like the dolls they are they pile up
helplessly in corners

each time the room lurches,
but they speak, we speak

as if the thread of conversation could stop
everything going to hell.

World, stop heaving and pitching,
this isn't a boat!

It would all make sense if it were a boat
but it isn't: full to the brim

the glasses skid over the table
back and forth, and don't spill a drop.

PROBLEMA

Caigo en la cuenta de que nunca
hemos estado juntos en otoño.

No hicimos una visita al tapicero
de los grandes caminos, el que roba

su escondite al pequeño picapalos
dejándolo expuesto al embate del azor.

No anduvimos sobre el lomo de un dragón
por el aire más sutil, tachonado

de ocres y de rojos. Pero cuando lo digo
no estoy ya tan seguro de que no haya sucedido.

Respiramos a un tiempo bajo la órbita de la misma luna.
Ese es nuestro problema, no el otoño.

PROBLEM

I realise we've never
spent autumn together.

Never visited the one
who carpets the highways and deprives

the woodpecker of his hiding-place,
leaving him exposed to the claws of the hawk.

Never ridden the dragon through
the sharper air, bedecked

in ochres, reds. But as I say this
I'm not so sure it never happened.

We breathe in time beneath the same moon orbiting.
That is our problem and not the autumn.

YA VOLVERÁN

Viene la madrugada con sus dedos rojos,
detrás viene rodando la mañana

como una epidemia de hepatitis A:
rueda sobre las casas suburbanas,

sobre las altas torres, la quema y el mar:
de este a oeste rueda: algunos demoran

en saber dónde están, otros entienden de inmediato:
algunos niños lloran: algunos adultos deberían llorar:

las estrellas agitan sus bracitos
en señal de despedida: ya volverán:

pero no todos los que ahora desperezan
seguirán vivos cuando asome la tarde.

THEY'LL BE BACK SOON

Red-fingered comes the dawn,
morning rolls in, in its wake,

like an epidemic of Hepatitis A:
it rolls over houses in the suburbs,

over high towers, the fire and the sea:
from east to west it rolls: some take a while

to know where they are: others realise straight away:
some children cry; some adults ought to cry:

the stars wave goodbye with their little arms:
they'll be back soon:

but not all those who yawn and stretch
will be alive come afternoon.

LA CELDA DEL MING-T'ANG

Qué feo el Ming-T'ang de la reina U Hu,
cien metros de altura, el piso bajo

pintado de rojo, blanco, negro y verde
representando las estaciones, el piso medio

representando las doce horas dobles
y el piso superior con las veinticuatro quincenas.

Y qué idea, la reina U Hu,
coronar ese esperpento con una celda

de oro y marfil para un solo prisionero.
Quizás fuera el único rasgo de humor

de esa construcción tan pretenciosa
que el fuego arrasó dos veces,

antes y después de la guerra con los hunos.

MING T'ANG CELL

How ugly Queen Uhu's Ming T'ang is,
three hundred feet high, the ground floor

painted red, black, white and green
to represent the seasons, the middle floor

representing the twofold twelve hours
and the top floor the twenty-four fortnights.

And what an idea, Queen U Hu,
to crown that horror with a cell

of gold and ivory for a single prisoner.
That was perhaps the only hint of humour

in that vainglorious edifice
twice destroyed by fire,

before and after the war with the Huns.

LEYENDO *MACBETH*

La negativa de las golondrinas
a anidar en los aleros del Ming-T'ang

debió servir como advertencia:
ese adefesio no podía durar.

De hecho, se quemó dos veces, ardió solo,
antes y después de la guerra con los hunos.

La segunda vez fue dejado en ruinas
hasta que el viento y el pillaje acabaron

con lo que quedaba de él.
La verdad es que la ausencia de nidos

desesperó a los arquitectos desde un comienzo
y la mala fama acompañó al edificio

hasta el fin: un anillo de pasto quemado
en medio del páramo.

Sin embargo, las golondrinas también se equivocan
o nuestras cosas les importan menos

de lo que nos gustaría pensar.
¿No observa el rey, confiado, nidos de golondrina

y elogia el aire sutil en las
almenas del castillo donde esa misma noche

van a darle muerte?

READING *MACBETH*

The swallows' refusal
to nest in the eaves of Ming T'ang

should have served as a warning:
that eyesore wasn't meant to last.

In fact it burnt down twice, it burst into flames,
before and after the war with the Huns.

The second time the ruins were abandoned
until the wind and pillage bore away

what little remained.
In truth the absence of nests

dismayed the architects from the start
and the place had a bad name till the end:

a ring of burnt grass
with wasteland all around.

But swallows too can be mistaken,
or our affairs interest them

less than we would like.
Doesn't the king observe, trustingly, martlets' nests

and praise the heavenly air on the jutty
of the castle where that very night

he will be done to death?

SEGURAMENTE

Los montes seguramente se perfilan
sobre el cuerpo rojizo de la noche

como dientes de lobos y las tejas
que cubren el establo estarán frías,

los caballos, a esta hora, inquietos.
Así ha de ser, pero yo no lo veo,

yo estoy dormido.

NO DOUBT

No doubt the mountains are silhouetted
against the reddish body of the night

like wolves' teeth and the tiles
of the stable roof will be cold,

the horses restless towards dawn,
but I see nothing of all this,

for I am sleeping.

LA PERLA ESCRITA

Entre los árboles cubiertos de nieve
se luchaba con largas espadas

por la posesión de una perla
donde estaban grabadas

cien sabias leyendas, mil poemas perfectos
y la fórmula de la eterna juventud

que el rey de Macedonia quiso
robar a las kinaris en la India.

Al despertar, tenía la perla aferrada
pero no pude leerla, estaba escrita

en la lengua de los pájaros, cuyo secreto
también la perla, seguramente, guardaba.

THE ENGRAVED PEARL

Among the snow-laden trees
they fought with long swords

to possess a pearl
on which were engraved

a hundred wise sayings, a thousand perfect poems
and the recipe for eternal youth

that the King of Macedonia wanted
 to steal from the kinnaris in India.

When he woke up he was clutching the pearl,
but he couldn't read it, it was written

in the language of the birds, a secret
no doubt also kept by the pearl.

LUNA LLENA

La luna atravesando el bosque
desata un incendio de cristal

en la pinocha que extensa y erizada
alfombra la tierra entre los árboles.

FULL MOON

The moon through the trees
lights a crystal fire

in the bristling needles
that carpet the forest floor.

RECTAS

Las líneas que trazan las ocas
volando a su meta lejana

no son curvas como las cejas simuladas
en la nuca de la lechuza,

sino rectas como el mordiente aguijón
de la avispa Xi-Qian, que no mata

pero duele lo mismo
cuando pica que un siglo después.

STRAIGHT LINES

The lines drawn by the wild geese
as they fly to their faraway destination

are not curved like the false eyebrows
on the nape of the owl

but straight like the biting stinger
of the Xi-Quian wasp, that doesn't kill

but still hurts just as much
a century afterwards.

PREGUNTAS

¿Por qué se terminó?
¿Había algo más importante?

Vuelan los ánsares
de aquí a la Luna, al Lejano Palacio.

¿Es que la vocación de ser felices
no era en nosotros lo bastante fuerte?

¿O había algo que hacía que supiéramos
que todo aquello no podía durar?

Pero tampoco la vida durará para siempre
y no por eso desdeñamos vivir.

¿Por qué, entonces, terminó?

QUESTIONS

Why did it end?
Was there something more important?

The wild geese fly
from here to the Moon, to the Far Palace.

Was the vocation for happiness
not strong enough in us?

Or did something tell us
this couldn't last?

But life won't last forever either
yet we still wish to go on living.

So why did it end?

NOCHE TRAS NOCHE PERMANECE LA LÁMPARA

Encendida en la tienda de seda.
Es en vano el lamento del Príncipe:

la favorita Qiao está muerta
y nadie recogió su brazalete de la nieve.

Ella le envía un billete perverso:
"Aunque pudieras dormir, querido,

no cuentes conmigo, nunca
aceptaré visitar tus sueños".

NIGHT AFTER NIGHT THE LAMP STAYS LIT

in the silken tent.
The prince laments in vain:

His favourite Qiao is dead
and no-one picked up her bracelet from the snow.

She sends him a taunting letter:
'Even if you get to sleep, my dear,

don't count on me. Never
shall I visit your dreams.'

Agradecimientos

Le debe este libro mucho de su escenografía y algunos de sus asuntos a los celebrados volúmenes de Arthur Waley *The Poetry and Career of Li Po, 701–762 A.D.* y *The Life and Times of Po Chu-I, 772–846 A.D.*

Asimismo, quisiera expresar aquí mi agradecimiento a quienes leyeron el libro en diversas etapas de su escritura y me ilustraron y alentaron con sus comentarios:

Arnaldo Calveyra, Mercedes Cebrián, Pablo Gianera, Mariano Peyrou y Mirta Rosenberg.

Acknowledgements

This book owes many of its settings and some of its themes to the celebrated works of Arthur Waley *The Poetry and Career of Li Po, 701–762 A.D.* and *The Life and Times of Po Chu-I, 772–846 A.D.*

Likewise, I would like to express here my grateful thanks to those who read this book at different stages of its composition and who enlightened and encouraged me with their comments:

Arnaldo Calveyra, Mercedes Cebrián, Pablo Gianera, Mariano Peyrou y Mirta Rosenberg.